Caton en Utica : tragedia

Joseph Addison

Nabu Public Domain Reprints:

You are holding a reproduction of an original work published before 1923 that is in the public domain in the United States of America, and possibly other countries. You may freely copy and distribute this work as no entity (individual or corporate) has a copyright on the body of the work. This book may contain prior copyright references, and library stamps (as most of these works were scanned from library copies). These have been scanned and retained as part of the historical artifact.

This book may have occasional imperfections such as missing or blurred pages, poor pictures, errant marks, etc. that were either part of the original artifact, or were introduced by the scanning process. We believe this work is culturally important, and despite the imperfections, have elected to bring it back into print as part of our continuing commitment to the preservation of printed works worldwide. We appreciate your understanding of the imperfections in the preservation process, and hope you enjoy this valuable book.

ACTORES.

CATON
LUCIO } *Senadores Romanos.*
SEMPRONIO
PORCIO } *hijos de Caton.*
MARCIO
JUBA, *Príncipe de Numidia.*
SYPHAX, *General Númida.*
DECIO, *Embaxador de César.*
MARCIA, *hija de Caton.*
LÚCIA, *hija de Lucio.*
Soldados amotinados.
Guardias.

La Scena es en Utica en la sala del palacio del Gobernador.

EN UTICA.
TRAGEDIA.

ACTO PRIMERO.
SCENA PRIMERA.

PORCIO. MARCIO.

PORCIO.

El cielo nebuloso nos oculta la agradable vista de la aurora; y veo que va viniendo con demasiada lentitud el gran dia, que quizá fixará nuestra libertad. Ya no te queda que conseguir ¡ó César! para saciar tu sangriento furor, sino la muerte de mi padre. El fuego devorador de la guerra, encendido en este clima, puede muy bien añadirte tal delito á otros ya consumados. El cruel, el horroroso espectáculo de un Senado nadando en sangre, es para los ojos de César una alhagüeña imágen. Ese asolador del género humano, con sus reiterados combates, despoblará de soldados el universo. ¡Oh ambicion fatal! Esos son tus frutos. ¡Quando veremos el fin de tan horribles desolaciones!

PORCIO.

¡Y tú, Porcio, con tanta indiferencia miras expirar el poder de la virtud! No tan sosegado como estás miro al iniqüo exercer libremente sus ilegítimos derechos. Veo con horror á un vencedor abominable hacer ostentacion de su orgullo, y provocar con su fortuna. Ese bárbaro César se encarnizó rabioso en los campos de Farsalia, alimentándose con sangrientos destrozos. ¡Confundan los Dioses á los tiranos con sus rayos abrasadores!

PORCIO.

Esa impía grandeza, mezclada con tantas abominaciones, no es digna de que la envidie un prudente Romano. Hay en el mundo hombres generosos, á quienes ha constituido la desgracia desventurados, pero ilustres. Sea exemplo de estos Caton, cuya heroica constancia repugna el yugo de una tiránica ley, manteniéndose incontrastable en el cumplimiento de su sagrada obligacion, y poniendo toda la esperanza en su valor noble: su virtud hace frente á la tiranía por la libertad de Roma su patria.

MARCIO.

¿Y quien lo ignora? Caton, que condena con su exemplo á toda la tierra, no podría reducirse á respirar ni un instante en la esclavitud. Pero ¡ah Porcio! ¡que resistencia tan inútil! ¿Que esperanza nos queda dentro de la sitiada Utica? De aquí á brevísimo tiempo será César vencedor del universo, y no habrá quien no sufra su yugo. Te confieso que al ver desventura tan general, me falta poco para no seguir los consejos é imitacion de mi padre, y abrazar una máxîma contraria á la virtud.

PORCIO.

Acuérdate, Marcio, de que los mortales no entran en el consejo de los Dioses; y de que la sentencia impenetrable del incierto destino, debe ser muy venerada de los Romanos virtuosos.

MARCIO.

Sometida tu alma á esa creencia, descansa; pero la mia está en continua agitacion. Si la tuya, Porcio, sintiese, como la mia, la impresion dolorosa de un desgraciado amor; si experimentases los rigores que padezco, ni aun podrían tus ojos tolerar la luz del dia. ¡Oh, si Lúcia correspondiese á mis cariños!...

PORCIO. (*aparte*)

Soy tu rival, pero rival prudente, que conoce lo que le importa guardar secreto.

(*dirigiéndose á Marcio*)

La virtud de Caton nos manifiesta á ámbos quál debe ser nuestra obligacion: un padre semejante debe ser respetado en sus mismos hijos; y así, imitemos su valor en tamaña adversidad: no olvidemos la noble sangre que corre por nuestras venas. Subyuga al soberbio tirano, que pretende encadenarte; y rechazando sus amorosos tiros, pórtate como digno hijo de Caton. Toma mi consejo.

MARCIO.

¿Está, por ventura, en mi mano el tomarlo? Para dexar de amar, he de dexar de vivir.

PORCIO.

Marcio, repara en Juba, jóven noble y altivo, que es el primero en presentarse á las batallas: aunque el amor ha tomado posesion de su pecho, quando le llama la gloria, olvida á Marcia. ¡Y ha de ser la virtud de ese Africano Príncipe mayor que la de un Romano!

MARCIO.

No prosigas mas... Ese razonamiento que combate mi amor, no puede apagarlo, y me ultraja. Qualquiera que fuese la magnitud de mi amor, nunca podría sofocar mis obligaciones. Tú mismo me verás combatir para alcanzar fama, disputando á César la victoria; y tú mismo me verás en el campo del honor arrostrar la muerte y los peligros que no conozco.

PORCIO.

Ahora sí que vengo en conocimiento de que eres tú quien hablas: veo que la gloria y el honor inflaman tu espíritu.

MARCIO.

Pero debieran haberte conmovido mis males.

PORCIO.

No es ese el defecto que puedes echarme en cara: mis ojos arrasados de lágrimas te manifiestan quanta parte tomo en tus aflicciones, y que no dudaría descubrirte mis mas íntimos secretos.

MARCIO.

Tienes, hermano mio, el mérito de un amigo generoso. Disimula esta turbacion que me agita; y perdona... Pero Sempronio viene:

quiero dexarte solo con él.

SCENA SEGUNDA.

SEMPRONIO. PORCIO.

SEMPRONIO. (*aparte*)
Sí. Porcio es. Este joven me parece demasiadamente juicioso, y no puedo sobrellevar su flema. Conviene disfrazarle mis ocultas intenciones.   (*a Porcio*)
Recibe, Porcio, en este abrazo el libre testimonio de mi fiel amistad, y escucha el idioma de mi corazon. Quizá mañana tus brazos y los mios estarán sujetos con las cadenas de la esclavitud.

PORCIO.
Confiésote que hoy la inconstante fortuna me intimida. Pero, no ostante, mi padre, digno defensor de la libertad, forma un Se-

nado reducido con los restos de Farsalia; y en este parage, con vuestros no vacilantes pareceres, debe determinar hoy mismo, si hemos de ser esclavos, cediendo á César todo el mundo.

SEMPRONIO.

Conozco las virtudes del gran Caton, y tambien que su fama es aquí la misma que era en Roma. El Senado tendrá con su presencia toda la magestad Romana. A Caton no le cuesta violencia el obrar virtuosamente, é imprime con naturalidad el respeto y temor en los corazones. El mismo César dichoso y triunfante, tiembla al combatir con este severo Romano. ¡Ay, amado Porcio! Si tu hermana Marcia correspondiese á mis anhelos.... ¡No habria hombre mas afortunado que yo, si consiguiera la alianza con vuestra familia!

PORCIO.

¡Quando estamos tan azorados por el peligro que corre la vida de Caton, quieres tratar de Marcia y de tu afecto! No, Sempronio: convierte la atencion á otros cuidados.

SEMPRONIO.

Ya veo, Porcio, que amas á la virtud. Eres semejante al gran Caton: y no hay duda que al poner el mundo los ojos en el hijo, reconoce al padre. Serán tus virtudes celebradas, como las suyas; y ocuparás, como tu padre, un lugar eminente.

PORCIO.

Ya te escucho. Son, quizá, irónicas esas expresiones. Pero vamos á otra cosa. Los momentos valen mucho, quando los peligros se avecinan; y mientras los Senadores dan apresuradamente sus votos en favor del estado, me parto á toda priesa ácia donde me llama la obligacion en este instante. Devorado del noble ardor que comunica un zelo fiel, te dexo para ir á animar á nuestros tímidos combatientes. Sus ánimos se abaten; y pretendo corroborarles, hasta ponerles en el caso de que menosprecien la vida: y si el éxîto no correspondiese, á lo ménos lo habremos merecido por nuestros esfuerzos. *(sale)*

SCENA TERCERA.

SEMPRONIO. *(solo)*
Este Porcio, como todavía es jóven, marcha, guiado de la osadía, por la senda que le abre su orgullo: anticipándose á la edad, quiere imitar á Caton, fingiendo el tono de un Senador anciano. Su padre soberbio desdeña mi familia, y me rehusa á su hija con teson duro.

Ultrajado, pues, corrido, y sin esperanza, sea mi único objeto el vengarme. La libertad Romana con todo el aparato de sus honras, es una cadena pesadísima baxo las leyes de Caton. Esto forma para mis ideas un ostáculo; y así, la rebelion es mi único recurso. Ya estoy determinado. Suceda lo que suceda, como yo en este dia entregue á Caton, será Marcia mi esclava. Los instantes son horas hasta verlo realizado. Con el viejo Syphax he conferido el asunto. Pero él viene.

SCENA QUARTA.

SYPHAX. SEMPRONIO.

SYPHAX.

Sabe que con viva diligencia he sondeado sigilosamente los ánimos de nuestros soldados Númidas; y he descubierto que se inclinan á sublevarse; porque cansados de Caton, ya no quieren abrazar su partido.

SEMPRONIO.

Syphax, ocasion es de que no perdamos tiempo. El victorioso César se acerca á nuestros muros. Tú conoces su grande actividad, que es como la de un torrente rápido. Es en vano que los vientos, los mares y las borrascas se opongan á sus conquistas; porque siempre encuentra apoyo firme en la fortuna. Arrostrando siempre los peligros que se le presentan, reduplica su valor la esperanza cierta de la victoria. Démonos priesa.....
Pero Juba tu Principe ¿ha aprobado el proyecto de la sublevacion? Si lo aprobáse, me persuado á que este insigne servicio nos grangearía el favor señalado de César

en un tiempo tan crítico.

SYPHAX.

Juba estima á Caton sobremanera, y no escucha á nadie sobre este punto. Pero, no ostante, quiero nuevamente tentar los medios de destruir una estimacion tan viva. Es inoportuna la fidelidad al partido de Caton; y así, le aguardo en este sitio para disuadirle.

SEMPRONIO.

Por los poderosos motivos que la razon presenta, haz valer, Syphax, tu eloqüencia para persuadirle quan prudente accion será la de admitir el feliz apoyo de César entregándole á Caton. César lo estimará tanto mas, quanto que si Juba le abre las puertas de Utica, será dueño del Africa, sin necesidad de combatir.

SYPHAX.

Pero si es cierto que Caton ha

convocado el Senado para ántes de acabar el dia en este libre recinto, temo que sus penetrantes ojos no descubran la trama de nuestra traycion. Menester es disimular.

SEMPRONIO.

Cuenta conmigo para todo. Parecerá sincero y de buena fe quanto yo diga. Manifestaré un zelo impetuoso, y levantaré la voz contra el rebelde César.

SYPHAX.

¿Quien puede igualar á un Romano en el arte de fingir? Seguramente puedes instruir á un Africano.

SEMPRONIO.

Emplea toda tu eloqüencia en Juba; mientras voy diligente á conmover los espíritus, y á trabajar secretamente en inspirar la sublevacion á nuestros soldados Romanos. Quando ya la conspiracion esté resuelta, vacilarán nuestras almas entre la esperanza y el temor; pero por esta razon misma disfrutarémos despues todos, logrado el éxito, mayor tranquilidad. Lo que ahora se nos presenta en cada instante, es el fatal objeto de nuestras esperanzas, que es la muerte. (sale)

SCENA QUINTA.

SYPHAX. (solo)

¡Es posible que Juba, cobardemente arrastrado de las leyes de Caton, permanezca tan acérrimo en su partido! ¿Qué recursos nos quedan, pues ya César nos ataca?... Pero desde aquí diviso á mi Príncipe: él me ha visto, y ácia aquí viene.

SCENA SEXTA.

JUBA. SYPHAX.

JUBA.

Oportunamente te encuentro, Syphax. ¡Pero tan pensativo! ¿Que tienes? Te noto el rostro melancólico. ¿Que amargos pesares alteran tu serenidad?

SYPHAX.

Yo no sabría disimular mis íntimos pesares, como los disimulan los Romanos.

JUBA.

Te consta que los Romanos son señores del mundo; y así, es necesario que correspondamos con nuestra estimacion á sus virtudes: nuestros mas remotos pueblos se estremecen al solo nombre Romano. ¿Quieres que este nombre, venerado en las abrasadas rocas del Africa, se desprecie dentro de los muros de Utica?

SYPHAX.

¿Son ménos virtuosos nuestros Númidas? ¿Tienen ménos valor y ménos nerviosos brazos? Entre Roma y Zama solo hallo la diferencia de que nuestras tropas aventajan á las Romanas en la agilidad y en la fuerza del cuerpo.

JUBA.

Las mas inferiores calidades del corazon son muy superiores á las fuerzas corporales. El objeto de los virtuosos Romanos es civilizar el mundo corrompido. Son reformadores de las costumbres de nuestros pueblos salvages; y quantas leyes promulgan, son leyes sabias. Los Romanos hacen reynar la industria y el buen gusto, desde un extremo del mundo al otro; y así, la gloria de Roma convierte á los bárbaros en hombres sociables.

SYPHAX.

Dignaos, Señor, de usar de benignidad con un anciano, perdonándole si se excede con el fuego de su entusiasmo. La alianza de Roma es una durísima cadena. Se llama política Romana el arte de disimular los sentimientos del corazon. Esos virtuosos Romanos han mudado de naturaleza; pues desterrando de sus discursos el candor, han depuesto su antigua rectitud.

JUBA.

Si fixas la vista en Caton, verás un mortal sabio y virtuoso: admirarás su magnánima virtud; y tus ofensivos desprecios se cambiarán en aprecio: limpio de tan fatal preocupacion, sentenciarás como imparcial juez. En fin, si quieres hallar un hombre grande y sabio, transpórtate al Senado de Roma.

SYPHAX.

Ese hermoso nombre de virtud, no es en un Romano mas que orgullo, fiereza, arrogancia y desden. Si vuestro engañado padre no hubiera tenido tan alta idea de Caton, no hubiera muerto por la mano de un esclavo en los campos de Africa, arrostrando los embates de la fortuna.

JUBA.

¡Oh amarga memoria de la muerte de mi padre! ¿Por que me renuevas este agudo dolor?

SYPHAX.

Para que nos aprovechemos de su suerte infeliz.

JUBA.

Pero ¿que haremos, Syphax, para ser mas afortunados?

SYPHAX.

Abandonar á Caton...

JUBA.

¡Tal me aconsejas! ¡Que dexe á Caton! ¡Que le abandone Juba! ¡A Caton, que es mi padre desde que el Rey murió, y que me ha enseñado con su doctrina la virtud!.... Sería yo un ingrato, un Príncipe cobarde é injusto.

SYPHAX.

Ya penetro, Señor, la rémora que os detiene. Es el amor el que os manda, y el que os hace hablar en favor de Caton. Marcia ocupa toda entera vuestra alma; y de solo imaginaros hijo de tal padre, procede tal debilidad.

JUBA.

¡Ah!

SYPHAX.

Acordaos, Señor, de la tierna despedida del Rey, quando os sujetásteis al yugo de los Romanos: lastimado de vuestra suerte, lleno el corazon de temores, anegados sus ojos en llanto, me apreto la mano, y, despues de haber implorado el socorro del cielo, me dixo: *cuida de mi hijo amado.*

JUBA.

¡Oh virtud que me enamora! ¡Oh dolor! ¡Oh padre mio!... Syphax, me has pasado el corazon. ¿Que es lo que haré? Habla. ¿Qual es mi obligacion? Seguiré, si puedo, tus consejos. ¿Como podria yo darte testimonio del zelo que me inflama?

SYPHAX.

Es menester, Señor, que los consejos de tan buen padre se graben en vuestra alma.

JUBA.

Me conformo; y me entrego totalmente á tí, para que me corrijas los defectos, é instruyas en mis obligaciones.

SYPHAX.

No dudeis, Señor, que yo quisiera guiaros á un destino y puerto mas seguro. Conviene absolutamente que os separeis del desgraciado partido de Caton.

JUBA.

Pero mi padre, Syphax, siguió este mismo partido.

SYPHAX.

El de César os es mas seguro y ventajoso.

JUBA.

Primero moriré, que manchar mi honor.

SYPHAX.

Decid mas bien que ofender al tirano amor que os domina.

JUBA.

¿Por que me arrancas la confesion de mi afecto, tanto tiempo combatido y oculto en mi corazon?

SYPHAX.

Creedme, Principe mio: las distracciones pueden curaros de vuestra pasion: fuera de que para disminuirla su fogosa violencia, hay el poderoso remedio de ausentarse. Y si quereis ofrecer inciensos al amor, escoged entre las hermosuras que tiene vuestra corte. En Zama, ciudad vuestra, hay Africanas que afrentan la belleza de las Romanas mas hermosas.

JUBA.

Poco vale hacer gala de los atractivos del rostro, porque son débiles tiros para cautivar un corazon. La hermosura cada dia disminuye; y perdiendo poco á poco su valor, produce la indiferencia. El tiempo exerce sus rigores, y la destruye, sofocando con esto los deseos que fomenta la lascivia. Pero la amable Marcia aviva con su virtud el fuego de mi pecho. La gracia y la dulzura realzan sus perfecciones, y siempre acompaña la prudencia á quanto executa... Pero ella se aproxîma, Syphax. ¡Como se conmueve todo mi ser! Jamas han visto mis ojos tantos atractivos. Lúcia la acompaña. Retírate, amigo.

SYPHAX.

Permitid que á vuestros pies...

JUBA.

Vuélvete, y déxame.

SCENA SEPTIMA.

JUBA. MARCIA. LÚCIA.

JUBA.

Con vuestros bellos ojos, Marcia, alegrais todos estos lugares, aunque tan melancólicos y horribles con la guerra cruel. Vuestra presencia me quita hasta la idea de que viene marchando el enemigo, como si estuviésemos en paz. Nada me ocupa sino los cuidados del amor.

MARCIA.

Pésame de que en este dia apaguen mis ojos el ardor de vuestro espiritu, que pudiera apaciguar la tempestad de tan espantosa guerra. Dirigid, Juba, vuestros cuidados ácia el enemigo.

JUBA.

Tened á bien, Señora, fortificar mi brazo siquiera con vuestro aprecio. No hay género de peligro que por vos yo no arrostre. Pronta mi alma á serviros está, Marcia; y con solo indicarme vuestro agrado, me atreveré á combatir y penetrar los numerosos batallones de César, descargando en ellos mis golpes como un furioso torbellino.

MARCIA.

Yo os deseo la victoria, pues sois digno de la aprobacion de Caton, digno del amparo de nuestros Dioses, y solo digno de mí.

JUBA.

Si el valor puede merecer para con vos algo, desde ahora me inspirará grandes acciones, y dará esperanzas lisonjeras.

MARCIA.

Pues, Príncipe, partid, combatid, que ya es tiempo: no perdais unos instantes tan apreciables. Partid, y no aguardeis á que el enemigo se avecine.

JUBA.

Mi lentitud, Marcia, merecía esa reprehension. Vuestra imágen, Señora, impresa en mi alma, me inspirará la necesaria constancia. Imitando los pasos de vuestro padre Caton, os dexo, y parto apre-

surado al combate por agradaros.
(sale)

SCENA OCTAVA.

LÚCIA. MARCIA.

LÚCIA.

¡Quan tirana eres con ese Príncipe amable, firme y generoso! ¡Como has podido, despues de haberte confesado su amor, alejarle una esperanza que alimenta, y con rostro riguroso y severo dificultarle el cumplimiento de sus tiernas ansias!

MARCIA.

¡Y tú quieres, Lúcia, que á vista de una borrasca que nos presenta la horrorosa imágen de la muerte, y á presencia de las calamidades que origina la guerra civil, pueda yo disfrutar de amorosas dulzuras! Cuidados mayores que los del amor nos asaltan hoy; que viene César marchando ácia nosotros sediento de sangre y de venganzas.

LÚCIA.

¡Ojala tuviera yo en los males que padezco toda la firmeza de una alma grande y pura como la tuya! Mi tierno corazon, que es debilísimo, siente los rigores y las delicias del amor.

MARCIA.

Deposita tus cuidados en el pecho de Marcia, que toma parte en tus penas. Declárame qué es lo que causa tu tormento.

LÚCIA.

No tengo por que avergonzarme de nombrar mis amantes. Tus dos hermanos, Marcia...

MARCIA.

Ambos me han confiado su secreto amor.

LÚCIA.

Y mi corazon (reconocido á sus afectos) aunque reservado para uno, estima á ambos.

MARCIA.

Ruégote que me digas con franqueza, á qual de los dos favorece secretamente tu corazon.

LÚCIA.

¿Reprehenderías mi eleccion si fuese Porcio? Este posee mi cariño: á este amo. Su gracia, su amabilidad, su deferencia, le hacen preferible á su hermano. Pero este, violento y colérico, mira en Porcio un rival afortunado.

MARCIA.

¡Oh hermano mio! ¡oh destino! ¡oh Marcio!

LÚCIA.

¿Pues que, Marcia, prefieres á Marcio?

MARCIA.

¡Ah, Lúcia! A ambos ama con igualdad mi corazon. Si Porcio fuese el desgraciado amante, compadecería su suerte. Tanto me interesa su felicidad como la de Marcio.

LÚCIA.

¡Que abismo de males preveo! Pero los he previsto tarde. Yo soy la que en este dia promuevo la discordia en tu casa. ¡Oh pensamiento mortificador! Las turbaciones que temo, me angustian.

MARCIA.

No te angusties mas, Lúcia: no acrecientes los males de que estamos amenazados: pongamos en manos de los Dioses nuestra suerte futura, y entreguémonos á la dulce esperanza que sola puede sostenernos. Aguardemos á que el cielo, mas sereno, restablezca la paz en el Imperio Romano, y que nos liberte de las calamidades que envenenan nuestra vida.

ACTO SEGUNDO.

SCENA PRIMERA.

(*El Senado congregado.*)

SEMPRONIO.
Amigos del gran Caton, pensemos en que Roma vive en este Senado augusto, y en que su libertad respira todavía, y nos congrega.
(*suenan trompetas*)
LUCIO.
Caton nos lo noticiará. Escuchadle, que ya llega. Asegurados de la virtud que vemos resplande-... él, debemos guiarnos por

sus sabios consejos. El viene. ¡Dirijan los Dioses su designio inspirándole ideas favorables!

CATON. (*entra y toma su lugar*) Congregados aquí en este dia, aguarda Roma de nuestros votos el fallo de su destino. Padres conscriptos, hablad: sentenciad como Romanos. Decidme: ¿hemos de dexar caer de las manos las armas? ¿Que partido hemos de tomar por la causa comun? ¿Contarémos con la ciega fortuna? ¿Podemos esperar que nos sea algun dia favorable, dando fin á nuestras desventuras? El destino, nada propicio, favorece las criminales osadías, y las empresas injustas. Roma dobla su cuello al yugo de César, quien, triunfante del Nilo, trae al Egipto atado á su carro; y habiendo asolado los campos de Numidia, amenaza los áridos desiertos de la Libia. Nuestro enemigo se nos viene acercando con rapidez. El tiempo nos estrecha, Romanos. Habla, Sempronio, porque ya tocamos el último término. ¿Estás resuelto á no ceder? Sosten la gloria y virtud del Senado, no dexando que te abata el peso de nuestras desventuras.

SEMPRONIO.

¿Habia de vacilar un Romano, quando ve que un soberbio intenta sujetarlo á sus leyes, presentándonos la muerte ó la esclavitud? La guerra es el partido que debemos abrazar. Roma pide el auxîlio de nuestros esfuerzos. Juntemos nuestras tropas : armémonos al instante. Venid, Padres conscriptos, y anime la fuerza y vigor de nuestros brazos tan noble sentimiento de honor. ¿Hemos de ver con indiferencia los campos de Tesalia regados con la sangre de los Romanos generosos, quando nos liga una cadena de virtudes? Supuesto que un mismo interes armó sus manos, no titubeemos.... La sombra del gran Pompeyo nos grita que combatamos para vengarle. Otros Manes tambien parece que nos reprehenden la lentitud. Unámonos, pues, y partamos. Es preciso atacar y vencer al enemigo que pretenda esclavizarnos. Desunamos sus batallones con ataques repetidos; y quizá tornándose mas felices nuestras diligencias, salvarémos al universo. Finalmente, para salir del peligro que nos rodea, démonos priesa á imitar las acciones de los hombres grandes.

CATON.

Modera los ímpetus de un fogoso movimiento. El zelo impetuoso obra desalumbrado. Exerzamos un valor á quien guie la prudencia, y gobierne el juicio en su rápida carrera. ¿No estan confiados á nuestros esmeros los dias de los defensores de Roma y de nuestros aliados? Huya de nosotros quien no se atreva á obedecer. Tú, Lúcio, abominando la ley que permite los sangrientos destrozos despues de la victoria, propon tu parecer.

LÚCIO.

Mi parecer irrevocable es, que la paz se haga. El mundo entero ya no nos presenta mas que viudas llorosas, víctimas de nuestras sangrientas guerras. Demasiado tiempo ha gemido la Scitia por nuestros combates, que han despoblado el universo. Es tiempo de acabar una guerra cruelisima, despues de los melancolicos frutos de una dilatada querella. Es tiempo de economizar la sangre del género humano, visto que, por inflamado que esté el

Romano valor, y aguijoneado de los horrorosos ímpetus de una venganza ciega, serán vanos nuestros esfuerzos contra las disposiciones de la providencia. César encontró mas apoyo en la fortuna, que miramos declarada por él. Si su poderoso deseo basta para fundamento de su empresa; si el cielo le favorece en todos sus designios, no nos opongamos á la voluntad de los Dioses. Si ha de caer Roma, acostumbrémonos á ver, aunque á nuestro pesar, su aborrecida cadena. Inocentes estamos de la próxîma caida de Roma.

SEMPRONIO. *(á Caton)*
Ese afectado aspecto de modestia, oculta en Lúcio una trama traidora. Sospecho su interior contrario á vuestras miras. Aseguraos de él...

CATON.
La infundada sospecha sería muy

peligrosa: el temerario valor fuera brutalidad. Evitemos ambas cosas; y haciéndonos superiores al temor, defendamos con osadía el recinto de nuestros muros. Esperémoslo todo de nuestros valerosos soldados, que se han endurecido con el ardor de estos climas. Todavía esta provincia vasta de la Numidia sostiene nuestro partido baxo el mando de su Príncipe. Mientras podemos esperar dentro de estas murallas nuestra legítima libertad: mientras nos anima la lisonjera idea de poder rechazar al opresor; es en vano que nos amenace César, pues necesita forzar nuestros muros. ¿Hemos de cargar antes de tiempo con los hierros que nos prepara un bárbaro tirano? Supuesto que háyamos de llevarlos, aguardemos, amigos, hasta el último término. Este es mi parecer.

MARCIO. (*entra*)

En el puesto avanzado, que con la mayor vigilancia cubro, oí ruido. Exâminé lo que era; y ví, Padres conscriptos, á un caballero Romano precedido de un Lictór. Detúvele inmediatamente. Es Decio, que viene, enviado de Cesar, para tratar con Caton un negocio importante.

CATON.

Permitid, Padres conscriptos, que se presente en este mismo instante. Que venga luego. Ve, Marcio, y avísale. En otros tiempos era Decio honrado y prudente. Fué virtuosamente educado; pero hoy mancha su virtud olvidando las obligaciones de un generoso amigo, y haciéndose enemigo nuestro como partidario de Cesar. Sin embargo, oigamos las órdenes que trae. Si los intereses de Roma tienen relacion con sus miras, la paz es el objeto de mis deseos.

SCENA SEGUNDA.

DECIO. CATON.

DECIO.

César desea á Caton la mas dichosa suerte. En tí, Caton, mira César á un amigo que estima.

CATON.

Si César respetára la virtud que me alienta, ¿hubiera sacrificado á mis generosos amigos? Si son para el Senado las órdenes que traes, este se conforma en hacerte una favorable acogida.

DECIO.

Mis órdenes vienen solo para tí, Caton. Movido de tus desgracias y de tu mérito, al ver el infeliz estado á que te hallas reducido, te exhorta César á que escapes del peligro. Teme tu muerte; y para estorbarla, te ofrece sus socorros.

CATON.

Mi exîstir está unido á la suerte de Roma. Si César quiere salvarme, ha de salvar á mi patria. Lleva esta respuesta á tu Dictador.

DECIO.

César es el vencedor de Roma y del Senado. Todo el Romano Imperio le reconoce por dueño. ¡Oh Caton! ¡Como no quieres someterte á sus leyes! El te colmará de las mayores honras poniéndote á su lado, y tendrás en su amistad un apoyo firme.

CATON.

Detente. ¡Yo habia de entregarme por eso á Cesar! No, Decio: primero muriera.

DECIO.

Caton, la horrorosa tormenta

que te amenaza, puede de un momento á otro descargar sobre tí, aun dentro de estos muros. César que te estima, ha de sentir que llegue este caso; pues aunque viene armado contra ti, le interesa tu persona. Habla, Caton. ¿Que precio podrá bastarte para que logre César tu amistad? ¿Que condiciones exîges de él?

CATON.

Que despida sus legiones: que, dexando la Dictatura, se someta á las leyes como buen ciudadano: que sin arrogarse mas tiempo el poder, se dexe juzgar por los Senadores Romanos: en una palabra, que renuncie á su vana fortuna. Entonces, sin paliar su crimen, verán á Caton en la tribuna harengar al Pueblo para justificar á César, y obtener su perdon.

DECIO.

Pero ese lenguage es el de

un vencedor orgulloso.

CATON.

Decio, este discurso parte de un corazon libre.

DECIO.

¿Y que es un Romano abatido por César?

CATON.

Un hombre mas grande que César, por lo mismo que ama la virtud.

DECIO.

Considera, Caton, que es frívolo el poder de los fragmentos del Senado á tanta distancia del Capitolio.

CATON.

Exâmine César, y considere tambien, que es la libertad la que aquí nos congrega. ¿Ha de ser preciso recordarte aquella fatal época de la sangre vertida en los campos de Farsalia? Te alucinan sus expediciones culpables, sus triunfos odiosos, sus conquistas y fama: no echas de ver en su numeroso séquito las traiciones, los engaños, y negros sacrilegios. Cedo de buena gana á César la gloria de tantos horrores. Mas estimo mi virtud agoviada con el peso de las desventuras.

DECIO.

¿Es tal la última respuesta de Caton á los ofrecimientos de César?

CATON.

Será en vano quanto digas para persuadirme. Los Dioses protegerán á los Romanos virtuosos. Si César quiere mostrar una conducta prudente, haga buen uso de un poder mal adquirido, consuele las penas de mis amigos presentes, y proteja á los que valen mas que él.

DECIO.

Tu corazon indomable y partidario de Roma, te ha hecho olvidar de que no eres mas que un hombre. Caton, te pierdes.

CATON.

Pero cumplo con mis obligaciones.

DECIO.

Teme las infelicidades que preveo, y el que ántes de mucho derrame lágrimas Roma. *(sale)*

SCENA TERCERA.

SEMPRONIO. LÚCIO. CATON.

SEMPRONIO.

Caton, con tus respetables palabras respira en este sitio la grandeza del Senado. La libertad es la que habla por vuestra boca. Amedrentado César con una respuesta semejante, ha de temblar en medio de sus triunfos, y no ha de atreverse á llamarse Rey.

LÚCIO.

Agradecidos los Senadores á tan generosos cuidados, os dan gracias, Caton, por vuestro zelo, mirando que abandonais vuestros propios intereses por los derechos de Roma.

SEMPRONIO.

Aunque se manifiesta Lúcio tan adicto á la causa que nos liga, veo, no ostante, en él demasiado amor á la vida. ¿Y que es el respirar? Es ver la luz del sol. ¿Y de que sirve disfrutar de su hermoso brillo, quando son enojosas y ofensivas careciendo de libertad baxo el mando de un pérfido dueño? Vivir es ser libre. Sin esta circunstancia la vida es un suplicio, en que se muere lentamente. ¡Ojalá que para vengar á Roma y su moribunda gloria, pudiera yo teñir mis manos en la sangre de César! Pongo á los

Dioses por testigos de que moriría contento dándole de puñaladas.

LÚCIO.

Se puede defender la patria con calor sin ese inhumano zelo y menosprecio de la vida.

SEMPRONIO.

El moderado zelo es señal de un ánimo abatido; y es en fin el desmayado esfuerzo de una virtud débil.

CATON.

Basta ya. Un mismo espíritu nos anima, y el interes de Roma únicamente nos ocupa. Conozco la bondad de vuestros corazones. No la debilitemos con una division.

LÚCIO.

Convencidos de que debemos defendernos dentro de estas murallas, todos vamos, Caton, á abrazar ese partido.

SEMPRONIO.

Tal es mi parecer. Resistamos

hasta la muerte á César, á despecho de los golpes de la fortuna.

CATON.

Amigos, la libertad, que tanto deseamos, no es, aunque dudosa, materia desesperada. Atrevámonos á defenderla sin abatimiento. Hagamos los esfuerzos últimos, valiéndonos de toda nuestra virtud. Vamos á consagrar al Romano valor estos pocos momentos de una vida incierta. Ser libres, ó morir, es el único medio para obligar á todos á que celebren á un Romano. Levantémonos, que ya es tiempo; y debo dar á Juba, que se acerca, parte de nuestro acuerdo.

(*El Senado se separa*)

SCENA QUARTA.

CATON. JUBA.

CATON.

Escuchad lo que ha resuelto el Senado. Dice que debemos defendernos de César: que debemos aprontarnos á rechazar una violencia injusta, y aguardar del tiempo una suerte favorable. Este es su acuerdo.

JUBA.

Si ese es vuestro parecer, me toca suscribir. Mi alma desea lo que proponeis. Soy enemigo de Cesar, y estoy sediento de beber su sangre. Me he declarado, como vos, contra él. Hallándose mi padre en los últimos instantes de su vida, me dixo: ,,¡Ay, hijo amado! He combatido por Roma, y no me arrepiento : vuela al socorro de Utica, y venga mi muerte : imita la virtud, poco comun, de Caton : tú podrás, como él, arrostrar los infortunios."

CATON.

Juba, ese Príncipe infeliz, padre vuestro, merecía por sí mismo otra suerte mas venturosa.

JUBA.

Su desgraciada fortuna, que me arranca las lágrimas, aumenta mis inquietudes en este tiempo tormentoso, aun á pesar de vuestra virtud, que presencio.

CATON.

Vuestros llantos, Juba, no ofenden á los Dioses.

JUBA.

Mi padre era un Príncipe sabio y virtuoso : toda el Africa rendia voluntario vasallage á sus virtudes: desde mas allá del origen del Nilo le colmaban de honores los Reyes por sus embaxadas: busquemos, Caton, entre esos mismos Reyes una alianza: imploremos la asistencia de los amigos de mi padre. ¿Que decís, Caton? ¿No sería conveniente transportar la guerra á otros parages, y unir á nuestros soldados un exército extrangero, tomando socorros prestados de otros Príncipes, y armando la Numidia y sus negros batallones para arrollar las legiones de César?

CATON.

¿Podeis, Juba, sin estremeceros, dar lugar á la odiosa idea de que prófugo yo, como Anibal, huya de César por un vil motivo?

JUBA.

No deben importunaros mis cuidados, quando aspiran á la conservacion de vuestra vida abrumada á golpes de la ingrata fortuna.

CATON.

Sabed, Príncipe jóven, que en un noble corazon supera la generosidad á la desventura. Os doy gracias por quanto os interesais en mi suerte; pero advertid que Caton nunca tuvo la debilidad de temer los males, ni afligirse. No se me muda el color quando estoy en el peligro. Creed que los Dioses benéficos no suscitan la tempestad, sino á fin de poner á prueba un generoso valor.

JUBA.

La virtud que amo, es regla de mis obligaciones, debiéndolo todo á vuestra instruccion.

CATON.

Si alguna de esas obligaciones se os hace dificil de cumplir, la escuela de Caton os la hará facil. Y si vuestros ojos se alucinan con las prosperidades del afortunado César, será forzoso que aumenteis el séquito de su carro triunfal.

JUBA.

La única fortuna, Caton, la única felicidad que en este dia deseo, puede depender de vos...

CATON.

Eso me admira. ¿Qual es vuestro deseo?

JUBA.

Es inoportuno.

CATON.

¿Pero podria yo reusar á Juba lo que está en mi mano?

JUBA.

Temo explicarme.

CATON.

Hablad.

JUBA.

Marcia..... Marcia..... ¡No estoy en mí! Vuestra hija, Caton, tiene vuestras mismas virtudes...

CATON.

A Dios, Príncipe Otros cuidados me llaman; y una sola palabra mas, pudiera robaros toda mi estimacion. Seamos austeros en nuestras obligaciones y costumbres, y no pensemos hoy mas que en las tan comunes desventuras. No tratemos sino de nuestras calamidades, de la libertad, de la muerte, de la victoria y de las cadenas. Esos son los únicos negocios de que debemos hablar. A Dios. (sale)

SCENA QUINTA.

SYPHAX. JUBA.

SYPHAX.

Señor, ¿quien así os conturba? Quizá ese severo Filósofo Caton os hablaría en tono altivo....

JUBA.

Lo que me tiene despechado es haber perdido todo su concepto. Ese sabio Romano, Syphax...

SYPHAX.

Y, segun parece, creeis haber perdido el de todo el género humano.

JUBA.

Ya sabe quanto amo á su hija.

SYPHAX.

¿Como habeis confesado vuestro amor á Caton? Debia ignorarlo.

JUBA.

¡Oh mortales dolores! ¡Ah, Syphax! ¡El arrepentimiento me penetra el corazon!

SYPHAX.

¡Quan mudado estais dentro del recinto de Utica! Ya no veo en vos aquel heroico valor. ¿Que se hizo aquel tiempo en que, despreciando el amor, os amanecia en los bosques, donde los tigres os miraban con miedo, y el leon no se atrevia á embestiros, expirando freqüentemente á vuestros pies aquel furioso animal?

JUBA.

Ese lisongero elogio, de que mi amor se ofende, debe sepultarse en un silencio profundo. ¡Ah, Marcia! ¡Ah, Syphax! ¡Para siempre la perdí, pues su padre se ha enojado de mi amor!

SYPHAX.

Recibid de mí un consejo, si quereis revivir la esperanza de poseer á Marcia.

JUBA.

¿Y que consejo? Responde pronto.

SYPHAX.

Que os resolvais á robarla. Pronunciad vuestro consentimiento; y los soldados Númidas, ligerísimos en la carrera, volarán con ella á donde les mandeis.

JUBA.

¿Que te has atrevido á proponerme, Syphax? ¿Y mi honor? ¿Quieres con ese consejo seducir mi juventud, para que tu Príncipe se humille á cometer semejante baxeza?

SYPHAX.

¡Que es lo que escucho, eternos Dioses! ¿Que os parece que es el honor, que tanto os alucina? Solo una hermosa quimera.

JUBA.

¿Que dices? ¿Habia de convertirse tu dueño en un malvado?

SYPHAX.

Pero, Señor, ¿que era Roma en su estado primitivo? A los humanos pérfidos debe Roma su imperio. De tal ascendencia dimana el señorío que exerce. Los Pompeyos, los Césares, y los tan celebrados Catones, son originarios del rapto odioso de las Sabinas. Sois jóven, y no conoceis los vicios de los hombres, y admirais la hinchazon de los Romanos. No penetran vuestros ojos toda la extravagancia de la vana apariencia de las virtudes de Caton.

JUBA.

¡Como sufro unas expresiones tan indignas! Syphax, eres criminal, eres traidor.

SYPHAX.

Señor...

JUBA.

Sabrá Caton tu iniquidad.

SYPHAX. (*aparte*)

Apacigüemos la tormenta.
(*á Juba*) Perdonad mi temeridad, Príncipe mio: desenojaos. ¿Ha de poder un momento imprudente oscurecer todo mi mérito?

JUBA.

¿Te da alas para insultarme mi estado vacilante, y la incertidumbre de ocupar el trono de mi padre, á que tengo todo derecho? ¿Quando la gloria de Roma me atrae á su partido, murmuras, y te exâsperas? ¿Que atrevimiento es este, Syphax?

SYPHAX.

¿Así atormentais á quien está tan pronto á verter por vos su sangre? El viejo Syphax lleno de arrugas, y cargado de armas, os ha seguido á la guerra: ha hecho por vos quanto hay que hacer; y ahora....

JUBA.

No quiero escucharte.

SYPHAX.

Ya veo, Señor, que por mas que haga en vuestro abono, reusais ostinadamente el darme oidos. ¿Hubiera yo podido jamas imaginarme tal desprecio? Si derramárais toda mi sangre, no me quejaria, y veria sin alteracion mi muerte; pero perdiendo la confianza de mi Príncipe, no puedo callar. Mientras un resto de vida me anime, defenderé mi candor á la faz del universo.

JUBA.

Basta. Te creo fiel y virtuoso.

SYPHAX.

¿Quereis una prueba real de ello? Pues, Señor, yo mismo abominaba lo que proponia, solo por adularos.

JUBA.

Si tal era tu objeto...

SYPHAX.

Ahora, Señor, nombradme como querais, o pérfido, o traidor.

JUBA.

Con mas bondad piensa de tí tu

Príncipe; pero ya sabes quan sagrado es el honor. Es la señal distintiva de los corazones virtuosos; y yo, cautivo y sujeto á sus leyes, me gobierno únicamente por ese principio.

SYPHAX.

Tan nobles sentimientos bastan para consolarme. Vuestras reprehensiones me han hecho derramar lágrimas. Yo, Señor, tomaba parte en vuestros cuidados y amarguras; y por querer templar vuestra pena, con indiscreto zelo os ofendí en lo mas vivo del honor. ¡Ojalá que esta virtud, estampada en nuestros corazones, reyne en la Numidia baxo vuestras leyes dichosas.

JUBA.

Demoslo todo al olvido, Syphax: junta tu mano con la mia, y aguarda de mi feliz destino una suerte feliz. A Dios. Conozco tu mérito:

me llama un cuidado á otra parte,
y es forzoso ausentarme. (*sale*)

SYPHAX. (*solo*)

A Dios, atolondrado jóven: no esperes de mí mas, porque desde ahora te abandono. Finalmente, César, ya soy tuyo.

SCENA SEXTA.

SYPHAX. SEMPRONIO.

SYPHAX.

El Senado, reusando someterse á las leyes de César, aun se atreve á defender estos muros. ¿Qual ha sido tu parecer? Habla, Sempronio.

SEMPRONIO.

Mi parecer no ha sido el de Lúcio. El ha opinado por la paz, yo por la guerra: azorado mi corazon, prefiere sus horrores. Decio, diputado por César á Caton, solo á él le ha ofrecido un benigno tratamiento.

SYPHAX.

¿Que ha respondido Caton?

SEMPRONIO.

Es inexôrable. En vano lanza rayos la tormenta contra su corazon de bronce. Caton, semejante á una roca soberbia en medio del mar, recibe sin conmoverse los choques de la borrasca. Permanece inmóvil este Romano sabio, arrojando miradas desdeñosas sobre César. Pero Juba ¿como piensa?

SYPHAX.

Adora á Marcia; y ciego con su enagenamiento, menosprecia la vida. Insensible su corazon á sus intereses propios, no le mueven tan poderosos motivos. Ha sido vana para ganarle la reduplicacion de mis caricias, y la reprehension de su flaqueza. Este Príncipe está sometido enteramente á las órdenes de Caton.

SEMPRONIO.

Poco importa su socorro. Syphax, lo desprecio. Sin él sabremos realizar nuestra empresa. Pero ¿podré esperar que tú, prefiriendo mi interes al suyo, tomes á tu cargo el amor que profeso á Marcia?

SYPHAX.

¡Ojala pueda ser tuya! Si en mí consiste, recibirás de César tan generoso don. ¿Has urdido ya la trama del proyecto? ¿Has encendido ya la llama de la sublevacion? ¿Está todo preparado?

SEMPRONIO.

Pronto se nos unirán los amotinados. Sus Xefes dan ya la última mano á la obra; porque van de fila en fila sembrando el descontento entre las tropas; de manera que dentro de una hora, á lo mas, darán sobre el Senado.

SYPHAX.

Y yo, dispuesto á seguir vuestras pisadas, juntaré mis Númidas con el mismo deseo é intencion. Voy á disponerlos para el tumulto. Perezca Caton con su romana virtud; y, satisfecho mi corazon con su ruina, no padecerá de verle mirar con tanto sosiego la tormenta que le amenaza.

ACTO TERCERO.

SCENA PRIMERA.

MARCIO. PORCIO.

MARCIO.
Bendigo al destino, pues en-

cuentro en mi hermano un amigo verdadero. ¡Oh, amado Porcio! Mi corazon siente una poderosa fuerza, que le inclina á amarte. No es un ciego instinto la razon que á ello me anima. Tu mérito solo promueve mi estimacion.

PORCIO.

Hay alianzas formadas por los placeres, sin mas fundamento que una mira criminal; pero nuestra amistad está cimentada sobre la virtud, y durará por eso tanto como nuestra vida.

MARCIO.

Supuesto, pues, que sabes mi debilidad, suplicote que trates mi amor con tolerancia; pero que no tengas indulgencia conmigo en ninguna otra flaqueza.

PORCIO.

Puédese amar, Marcio, sin ofender á la razon, pues el amor es permitido quando es oportuno. Los mas sabios tuviéron el corazon tierno; y sería inútil que yo exîgiese de tí un imposible. ¿Pero no podrías moderar tus afectos hasta que el mismo amor proporcionase otro tiempo mas feliz?

MARCIO.

¡Ah, como ignoras quanto es el martirio de un amante separado del objeto que desea! El temor, el dolor, la esperanza y el amor me embisten juntos, y me atormentan cada uno de por sí. Ausente de la vista de Lúcia, nada me lisongea el vivir.

PORCIO.

¿Que es necesario para calmar el rigor de tus males?

MARCIO.

Que hables en favor mio. Tú disfrutas con freqüencia la presencia de Lúcia. Ayuda mi amor con tu dulce eloqüencia; y sea tu amistad su firme apoyo. Pinta con expresiones vivas la amargura de mi existencia, entre lágrimas anegada, y blanco de los tormentos. Di que el dulce sueño en la quieta noche huye de mis ojos.

PORCIO.

¿Que exîges de mí, hermano mio? No eso me propongas.

MARCIO.

En tí espero. ¿Reusarás alargarme una mano? ¿Mirarás con severidad mis aflicciones? Porcio, ¿no se prestará tu corazon á sacarme de un horroroso abismo? ¿Serás inexôrable? El exemplo de Caton, y todas las desgracias juntas, persiguen hoy á mi amor. Si tú le conocieras por experiencia, y sufrieras, como yo, te manifestarías sensible, y me darías el socorro que pido á tu amistad.

PORCIO.   *(aparte)*
¡Ah! ¿Callaré, ó hablaré de mis afectos? En uno y otro caso soy reprehensible.

MARCIO.
¡Pero Lúcia viene! ¡Que de gracias! ¡que de magestad! Repara en aquel talle, y luego júzgame, hermano, si puedes, como severo Romano.

PORCIO.
En efecto, ácia aquí viene.

MARCIO.
De tí me separo unos instantes, para que mas libremente puedas contarla mis tormentos.   *(sale)*

SCENA SEGUNDA.

LÚCIA. PORCIO.

LÚCIA.
Parece que vuestro hermano

huye de mi vista.

PORCIO.

Su alma, Lúcia, constantemente resuelta á amaros, padece cada dia los estragos de un amor violento. Enamorado de vuestras gracias, y admirándolas continuamente, suspira y se desanima falto de esperanza. Siempre enagenado, no disfruta un sueño tranquilo. Este Romano generoso tiene su corazon herido tan fieramente, que ni aun yo le conozco. El fuego de su amor consume tambien mi alegria, y me causa sinsabores.

LÚCIA.

¿Y como podeis, Porcio, conciliar cosas tan contrarias como el amor y la amistad de un hermano? El lazo que nos une, y que lisongea vuestra esperanza, causa en Marcio tal despecho. Creed que nuestro himeneo acabará con su vida.

PORCIO.

Este desgraciado hermano, franco, generoso y sencillo, ha confiado á su rival su amoroso tormento. Debo, pues, para corresponderle, solicitar que admitais su cariño. Manifestadle, siquiera de lástima, una vislumbre de correspondencia. Animad su valor con una afectuosa mirada. Quizá, pasada esta horrible borrasca, nuestro amor...

LÚCIA.

No: es en vano. Nuestro infeliz amor imprime en la imaginacion mia un presentimiento lastimoso. Por esto, previendo yo los pesares de vuestro padre Caton, las lágrimas de una hermana, y la desesperacion de Marcio, juro desde ahora por los Dioses que adoran los Romanos, dueños absolutos del destino de los hombres, no pensar en nuestro amor, funesto á ámbos, mientras esté tronando sobre nosotros la nube tormentosa ; y aun olvidaros , si puedo conseguirlo.

PORCIO.

Confundido quedo. ¿Que habeis dicho, Lúcia? Moriré, si observais tal juramento.

LÚCIA.

Caiga sobre mí la venganza de los Dioses , que siempre sigue al perjuro , si llegase yo á quebrantarlo.

PORCIO.

¡Oh dolor cruelísimo! ¡Ese imprevisto golpe me ha traspasado el corazon!

LÚCIA.

Yo igualmente padezco ; pero el juramento me ata. Quéjate al destino zeloso de mis dichas ; el qual , oponiéndose á tus deseos, me impide el ser tuya.

PORCIO.

¡Oh destino fatal! ¡Oh corazon duro!

LÚCIA.

Moderad los efectos de enojo tan terrible. ¿Podré yo, sin morir, veros irritado? Los Dioses no nos quieren felices. Han roto la amable cadena de nuestra union. ¡Oh ansias! ¡Como he ser bastante á sostener vuestras miradas terribles, y vuestro odio!

PORCIO.

No hableis mas de amor. Me engañé. Nunca pudo este Dios cosa alguna en vuestra alma. ¡Ah Lúcia! Basta vuestro juramento para conocerlo así. ¡Ah Lúcia! ¿Que partido debo ahora tomar? En fin, voy á abandonaros, pues ya no veo en vos sino un objeto formidable... Pero ¡ay desdichado!.....¡Perdió el sentido!... Lúcia... inocente Lúcia... recobrad los espíritus. Unicamente soy el culpado. Miradme, ó muero aquí mismo á vuestros pies... Esta espada... Pero ¡ay, fortuna imprevista! ya se animan sus acciones.

LÚCIA.

Amado Porcio, vuestro ofendido amor me amenaza. Pero ¿dudaréis de la fidelidad de un corazon que os adora, viéndome casi expirar á vuestros pies? Quando olvido mi juramento, quando á solo vos amo... Pero ¿que digo? ¿Acia donde?... Separémonos.

PORCIO.

La desesperacion se apodera de mí al escuchar tal sentencia.

LÚCIA.

Reflexad el encadenamiento de los males de nuestros amores. Considerad el zeloso arrebatamiento de Marcio quejándose de vos, y atravesándose á puñaladas el pecho.

Figuráos que Caton, con ayre severísimo, sorprehendido de ver derramada la sangre de vuestro hermano, pregunta la causa de ello: que á espectáculo tan doloroso Marcia, fuera de sí, se arranca los cabellos de pesar, me acusa y acrimina.... ¡Que la respondería yo en tal conflicto!

PORCIO.

A pesar del dolor que me devora, debo, al fin, mirar vuestro juramento sin horror, aprobar una sentencia durísima, y no hallar en vos cosa que no sea estimable.

LÚCIA.

Tan generoso propósito, me llena de reconocimiento, y aumenta mas y mas mi ternura. Viendoos sumergido en una tristeza amarga, vacila mi firmeza: conozco mi debilidad. Pero ¿por que corren de vuestros ojos esas lágrimas? ... No puedo mas conmigo.... A Dios para siempre, á Dios.

PORCIO.

¡Para siempre! ¿Que decís, Lúcia?

LÚCIA.

Lo he jurado. Nuestra felicidad pende de la vida de Marcia. A Dios para siempre, á Dios.

PORCIO.

Mi alma es inseparable de la vuestra. No me abandoneis.

LÚCIA.

¡Oh inevitable destino! .... Si Porcio padece, ¡que no padecerá Lúcia en este momento!

PORCIO.

Incontrastable ha sido siempre mi virtud á los golpes de la suerte; pero ya cede á esta última prueba. No nos separemos.

LÚCIA.

¡Oh cielos! ¿Que pronunciais!

Descargarian los Dioses su cólera sobre nosotros. ¿Habia yo de atreverme á provocar la venganza del cielo? Ya sabeis lo que juré. Pero vuestro hermano se acerca. A Dios, querido Porcio. A Dios por la última vez. Separémonos: es indispensable. (*sale*)

SCENA TERCERA.

MARCIO. PORCIO.

MARCIO.

Habla, Porcio. ¿Puedo tener esperanza? ¿Vivo, ó muero?

PORCIO.

¿Que pretendes?

MARCIO.

¿Que quiere significarme esa admiracion, esa extrañeza? ¿Que me anuncia ese ayre fiero, y esa consternacion? Ya veo mi suerte: no puedo equivocarme: acabóse mi esperar: en vano pretendo ganar mi causa. ¡Oh ultrage!

PORCIO.

Me pesa de haberme encargado de comision semejante : me pesa, Marcio.

MARCIO.

¡Con que esa inhumana insulta á mi amor, y triunfa de mis fatigas! .... ¡Que no pueda yo desterrarla de mi pecho!

PORCIO.

Una temeraria sospecha, es una guia engañosa. ¿Como te atreves á dudar de la virtud de Lúcia? Aunque ha jurado no amar en su vida, manifiesta pesar de haberte inspirado ese amor que te atormenta. Te estima, y compadece tu suerte; pero huye de los amores. Ese es todo su delito.

MARCIO.

¡Se lastima de mí! .... Pero no:

eso es un efugio. ¿Que puede contribuir su lástima para calmar mi pasion? Los afectos de mi alma, de que te hice sabedor, no debí haberlos confiado á un amigo tan indiferente. ¡Se compadece de mi dolor!.... ¿Con que arte has ganado esta fineza?.... ¡Lindo premio de mi amor! Mas quiero la muerte, que su compasion cruel.

PORCIO.

No he merecido tan duro tratamiento.

MARCIO.

Porcio, perdona mi sinrazon. Desconozco á mis amigos, y aun á mí propio, en los arrebatos que me origina un furioso despecho... Pero ¿que es lo que oigo?... ¿Que ruido es este?...

PORCIO.

Yo tambien le percibo, y se aumenta el rumor aproximandose.

MARCIO.

Aunque afligidos de los rigores de la amable Marcia, muramos por la patria con las armas en la mano.

PORCIO.

¡Me estremece el riesgo de mi padre! El peligro es comun. Corramos á socorrerle. Ya el sonido de la trompeta nos llama al combate. Démonos priesa á adquirir una gloria inmortal.

SCENA QUARTA.

SEMPRONIO. *Los Xefes de los conjurados.*

SEMPRONIO.

Cuidado, amigos mios, con que caiga sobre nuestros enemigos la tempestad, destruyendo á Caton, cuya muerte calmará todas las turbulencias. Yo me vuelvo á unir con

los de su partido para disimular.
Amigos, herid con bizarría. (*sale*)
Primer Xefe.

Démonos priesa: tiempo es ya de consumar la obra: armaos de valor, pues estais mandados por Sempronio. Este Romano ilustre, y Senador sabio, no es ménos grande que Caton. El descrédito de este, su muerte ó esclavitud, finalizará nuestro temor y trabajos. Este dia ha de serle fatal. Atreveos á hacerle frente. Pero Caton llega. Su muerte solo puede proporcionarnos lo que deseamos.

SCENA QUINTA.

CATON. SEMPRONIO. LÚCIO. PORCIO. MARCIO. *Los Xefes de los conjurados.*

CATON.
¿A donde estan esos intrépidos

guerreros, que amenazando con arrogancia al enemigo, son los primeros en huir? ¿Adonde los que alistados baxo las romanas banderas, desafian al Capitan mas grande?.... Pero ya no es la virtud lo que en otro tiempo era.

SEMPRONIO. *(aparte)*

¡Oh, almas cobardes! ¡Como vacilan! ¡Caiga sobre vosotros todo el furor enemigo!

CATON.

¡Infieles! ¡Ingratos! ¿Quereis cubriros de infamia, abandonando los intereses de Roma, y oscureciendo la fama de vuestras primeras glorias? No era, no, el deseo de fama quien os llevaba de triunfo en triunfo. Hablad ingenuamente: decid la verdad: ¿era el amor de la patria y de su libertad la virtud que os tenia enamorados? No. Un sordido interes os puso las armas en la mano. Hicísteis bien. Idos, idos, cobardes almas, á aumentar el número de nuestros contrarios baxo el mando de César. ¿Para que fin allá en las montañas, y en reiterados encuentros, he arrostrado el furor de los áspides y monstruos?... ¡Que haya yo libertádome de tan freqüentes peligros para ver este melancólico dia!..... ¿No podia Caton perecer sin vuestros delitos, y sin ser víctima de vuestro furor? Aquí teneis mi pecho: traspasadlo. ¿Que aguardais, crueles? Descubierto lo teneis: yo os lo presento para que lo tiñais en sangre. Si he cometido alguna injusticia, heridme, heridme: no aguardeis á que me castigue otro. Mas, decidme: ¿no he sufrido, como vosotros, los trabajos penosos de la guerra? ¿He reusado tomar parte en vuestras penas para oponerme á una dolorosa esclavitud? Incesantemente adicto al cumplimiento de mis obligaciones, he arrostrado quantos riesgos pude preveer. ¿Que delitos he cometido en el trabajoso cargo de mi preeminencia? Ea, hablad.

SEMPRONIO. (*aparte*)

Me parece que se conmueven, y que se les muda el color. ¡Hubiera yo imaginado tal! ¡Ah, indignos! Esto es hecho. Perdido soy.

CATON.

Exáminad mi zelo en servir á la patria. ¿Habeis olvidado los desiertos de Libia, su ayre seco y abrasador, sus monstruos venenosos, sus aridas rocas, y sus montes de arena, por entre los quales supe abriros un camino á pesar de la horrenda imágen de la muerte? ¿Olvidasteis que al llegar á un arroyo, despues que bebísteis en su corriente, estando yo sediento como qualquiera de vosotros, no quise apagar mi sed, porque apagáseis la vuestra? Finalmente, ¿olvidásteis que corriendo la misma fortuna, arrostraba mi ánimo sin turbacion la muerte?

SEMPRONIO.

Verdad es que en medio de una larga marcha, y hallándonos sin recurso, sediento Caton como nosotros, reusó apagar su sed en un arroyo ántes que vosotros. Considerad á Caton cubierto de polvo, y sufriendo los ardores del sol. ¿Le vísteis nunca en aquellos secos climas procurarse el descanso, y huir de vuestras fatigas?

CATON.

Partid, cobardes, á suspirar y quejaros baxo el yugo de César.

LÚCIO.

Caton, ya veo correr las lágrimas de sus ojos, arrepentidos de su odioso crímen. Su amargo y silencioso dolor, implora respetuosamente vuestra clemencia.

CATON.

Entregad, entregad traidoramente á vuestros Xefes con la esperanza del perdon.

SEMPRONIO.

No les perdoneis, Caton; porque son indignos hasta de la luz del dia. Concededme la facultad de castigar á los culpados.

LÚCIO.

No contra esos miserables, Sempronio, te dexes arrastrar de un arrebatamiento colérico.

SEMPRONIO.

Aun la muerte es corto castigo á su delito: y para aterrar á sus pérfidos cómplices, es indispensable atormentarlos con rigor.

CATON.

Aunque les entrego á tu justicia, no olvides que son hombres como nosotros; y quando castigues la enormidad de su delito, mezcla sin embargo la piedad, no empleando rigorosos suplicios en el castigo de esos desdichados.

(*a Lúcio*) Tú, Lúcio, sabe que es muy necesario para reprimir á tiempo la temeraria osadía, castigar con severidad los delitos. Alentado el perverso con la impunidad, y lisongeado con la esperanza de una indulgencia débil, se dexa arrastrar por su maldad hasta las mayores atrocidades.

SEMPRONIO.

Voy inmediatamente á desempeñar la comision que poneis á mi cuidado. Caton, nada temais.

CATON.

Id, pues, amigos mios, mientras esos malvados son conducidos al suplicio, á ofrecer holocausto humilde á los inmortales; y respetando sus leyes, pedidles por nuestra libertad. Advertid que esta debe su nacimiento á la sangre de nuestros abuelos. Es un depósito sagrado puesto en vuestras manos, que debeis transmitir á vuestros hijos, para que ellos lo transmitan á los suyos. ¡Oh dulce libertad! ¡Ojalá podamos vivir siempre dichosos baxo tus leyes, ó morir contigo! *(sale)*

SCENA SEXTA.

SEMPRONIO. *Los Xefes de los conjurados.*

Primer Xefe.
Qualquiera, Sempronio, hubiera creido, al oir tu engañoso lenguage, que érais uno de los amigos de Caton. Expresásteis demasiado bien un resentimiento fingido.

SEMPRONIO.

¿Como te atreves á hablarme así, pérfido, infame, traidor.

Segundo Xefe.

Sempronio, no finjais mas: descubrid vuestro corazon, que todos somos amigos.

SEMPRONIO,

Solo veo en vosotros unos enemigos cobardes, y unos reos indignos, que desprecia mi alma. Sabed, viles esclavos, que una empresa traidora es abominable, aun quando tiene un éxîto feliz: que la rebelion nunca puede merecer recompensa: que, aunque sus conseqüencias gusten, la accion se desaprueba; y que si el delinqüente malogra su proyecto, nada puede libertarle de su horroroso destino. Unos monstruos como vosotros, deben padecer la muerte.

Primer Xefe.

Pues que asi es....

SEMPRONIO.

Guardias... Prendedles: llevadles al suplicio, en donde les sacaréis la lengua, para apagar el fuego de la sedicion.

(*Salen los Guardias con los Xefes del motin*)

SCENA SEPTIMA.

SYPHAX. SEMPRONIO.

SYPHAX.

Desgraciada es la salida de nuestro primer plan; pero aún nos queda un recurso dichoso para arruinar al rival del grande César. Nuestros ligeros Númidas estan ya á caballo: ya se estan formando por mi orden, respirando el combate, y lleno el corazon de osadía.

Venid á nuestra cabeza : vamos, Sempronio, á forzar el puesto de Marcio.

SEMPRONIO.

¡Oh, Syphax!... ¡Oh desprecio!.... ¡Oh mortal desgracia!.... ¿Que partido tomaré?... ¿Que he de hacer?..... Marcia corresponde con rigores á mi amor.

SYPHAX.

¿Y una muger ha de afeminar tu corazon?

SEMPRONIO.

Sabe, Syphax, que, deseoso de venganza, muero por vencer á la hermosura que me ofende. No es afeminado mi amor. Deseo abandonar á Marcia despues de haberla vencido.

SYPHAX.

Ya os comprehendo. Fundais vuestra esperanza en robar á Marcia.

SEMPRONIO.

Pero ¿como podria yo introducirme en su habitacion? Solo estan sus puertas abiertas á Juba y sus hermanos.

SYPHAX.

Tomad, Sempronio, Guardias extrangeras: haceos anunciar baxo el nombre de Juba; y de este modo podreis llegar libremente á la vista de Marcia.

SEMPRONIO.

¡Dichoso pensamiento! Ya considero mia á Marcia.

ACTO QUARTO.

SCENA PRIMERA.

MARCIA. LÚCIA.

LÚCIA.

¡Ah, Marcia! Yo te ruego que me digas, ¿si hay males mayores que los que sufro?

MARCIA.

Si yo, Lúcia, me atreviese á dar libre curso á mi dolor, verías que mis males no ceden á los tuyos.

LÚCIA.

Conozco á tus amantes Juba y Sempronio. Pero dime, ¿tienen mas atractivos que Porcio?

MARCIA.

¿Por que me hablas de un mor-

G

tal que aborrezco?... ¡Sempronio!
¡Que nombre tan aborrecible! Vuélvotelo á decir: no puedo sufrir á ese hombre orgulloso. Es demasiado turbulento en su modo de obrar. En vez de que Juba reune el tierno amor á un valor grande, y conoce el camino que debe seguir. Sí, Lúcia: Juba es un heroe lleno de dulzura, que labra la felicidad de la muger que quiere. Pero....

LÚCIA.

En vano, Marcia, me ocultas tu secreto amor.

MARCIA.

Mientras Caton viva, sujeta á su voluntad, solo me guiaré por sus consejos. El es quien decide como soberano, y quien introduce en mi pecho el amor o el odio.

LÚCIA.

¿Y si Caton exîgiese que Sempronio fuese esposo tuyo?

MARCIA.

¿Por que añades á mis penas un mal imaginario, nacido de una temeraria sospecha? No imagines que el virtuoso Caton me imponga ley semejante... Pero ruido escucho de gente que se acerca. Retirémonos, Lúcia.

SCENA SEGUNDA.

SEMPRONIO *con los vestidos de Juba. Guardias Númidas.*

SEMPRONIO.

Dad atencion á mis órdenes, amigos, para robar la hermosa y amable Marcia. Guardias, aprontaos para partir á la primera señal. Sed sordos á sus gritos y llantos. Preveo el mortal despecho de Juba, y sus amargos dolores. ¡Con que pesadumbre verá á Marcia en poder mio! ¡Con quanto gusto poseeré tan bella alhaja por sorpresa! Pero alguno viene... ¡Juba es! ¡Su voz oigo! ¡Oh encuentro fatal! ¡Oh contratiempo infeliz! Quitémosle la vida, que es el único recurso; y con su muerte aseguramos nuestra empresa. Amigos, mostrad valor... Mas ¿por que temblais? El peligro es tan vuestro como mio. Abrámonos camino por medio de sus Guardias. ¡Juro por los cielos!...

JUBA. *(entra)*

¿Quien es ese insolente, que se adorna con las insignias de Juba?

SEMPRONIO.

Quien nacio para castigar tu demasiada arrogancia, presuntuoso joven.

JUBA.

¡Ah, indigno! ¿Como así hablas?

SEMPRONIO.

Defiende tu vida de mi espada.

JUBA.

Temerario, toma la recompensa de tu osadía.

(*Cae Sempronio, y huyen sus Guardias.*)

SEMPRONIO.

¡Oh amarguísimo destino!... ¡Que reciba yo la muerte de la mano de un rapaz!.... ¡Oh fruto melancólico de un arrebatamiento ciego!..., ¡Que disfrazado por una muger, muera yo tan infamemente á impulsos de un amor loco!.... ¡Ay de mí!... ¡Me voy al sepulcro sin haber realizado mi proyecto... ¡Que acabe yo así mis dias!... ¡Oh Dioses!.... ¡Haced que, muerto yo, se desquicien los cielos, y se trastorne el mundo. (*espira*)

JUBA.

Ya murió el iniqüo entre agitaciones espantosas. Mas para mejor descubrir sus miras insolentes, quiero presentar á Caton esos esclavos criminales. *(sale)*

SCENA TERCERA.

LÚCIA. MARCIA.

LÚCIA.

Hemos oido distintamente el tumultuoso ruido de un combate singular. ¡Oh temores! ¡Que agitada está mi alma! Si acaso tus hermanos, Marcia.... ¡Oh triste pensamiento!

MARCIA.

Lúcia, ve aqui la sangre, y ve aqui muerto un Númida. ¡Dioses, preservad á Juba de suerte tan funesta! Con el vestido se nos oculta su rostro. Pero ¿que veo? ¡Una diadema! ¡Oh presagio melancólico! ¡Un vestido de púrpura! ¡Ay, corazon! El Príncipe Juba es quien yace aquí muerto.

LÚCIA.

Marcia, válete en este momento de la heroica constancia de tu firmeza, que en tanta repeticion de desgracias te ha sostenido.

MARCIA.

Repara, Lúcia, en este objeto de mis temores. ¿No debería yo llorar amargamente? ¿No debería yo lamentar tanta desgracia, manifestar mi despecho, y morir de dolor?

LÚCIA.

Llama en tu auxîlio á tus virtudes para suavizar los males que te atormentan.

MARCIA.

¡Ah, querida Lúcia mia! Considera el objeto de mis angustias, y mira si está en mi mano el tranquilizarme.

(*Entra Juba sin ser visto*)

¿Hay por ventura remedio para una herida mortal? ¿Haylo, acaso, para la atrocidad de mi pena? No hay cosa que pueda mitigar la turbacion de mi alma. Quiero abandonarme á toda mi tristeza. Este hombre virtuoso merecía toda mi atencion. Cada dia irá en aumento mi pena por su muerte.

JUBA.   (*aparte*)

¡Y era Sempronio ese hombre virtuoso! ¡Ah traidor! Tú eras, segun veo, el mas dichoso de entre los mortales. ¡Que es lo que oigo! Yo perdería mil veces la vida porque Marcia lamentára mi muerte.

LÚCIA.

Movida de tus fatigas, y olvidando mi sentimiento, te compadezco, y acompaño con las mias tus lágrimas.

MARCIA.

Ya no es para mí el mundo mas que una morada horrible. Deseo morir.

JUBA. *(aparte)*
¡Oh suplicio! ¡Tanto le amaba!

MARCIA.

El tenia las gracias y la dulzura del mismo amor. Mi alma estaba satisfecha con mirarle, pues me infundía su presencia un gozo secreto. Los Romanos mas altivos envidiaban sus virtudes. Sus discursos eran útiles aun para los ancianos. No habia muger que no le amáse.

JUBA. *(aparte)*
Admirado y...

MARCIA.
¡Juba! ¡Juba!

JUBA. *(aparte)*
Pero ¿que es esto? ¡No ha articulado dos veces mi nombre!

MARCIA.

¡Ya no existe! ¡Ya no existe! ¡Idea melancólica! ¿Me acordaré de sus amables virtudes, y de las acciones que en vida practicaba? ¡Quanto le amaba yo! Pero ya no vive. Quizá su corazon, aun entre las sombras del sepulcro, conserva la imágen mia. Quizá sus últimas palabras habrán reprehendido mi crueldad. Ignoraba que el corazon de Marcia era todo suyo.

JUBA. *(aparte)*

¿Es sueño lo que veo? ¿Estoy muerto, ó vivo?

MARCIA.

(queriendo abrazar el cuerpo)
Resto precioso de un hombre que poseía mi corazon, recibe en estos últimos pesares que me ahogan, el último testimonio de mi amor, á quien no puede condenar la mas austera virtud.

JUBA.

(*poniéndose á sus pies*)

Aquí está el dichoso Juba, que por vos vive. Ese afortunado Príncipe respira todavía, contentísimo con su suerte, reconocido á vuestro amor, y ansioso de manifestar su correspondencia.

MARCIA.

¡Oh agradable sorpresa! ¡Oh destino! ¿Que es esto, Juba? Vuestra presencia me enagena. Si aun vivís, decidme, ¿quien es ese infeliz, que yace muerto, vestido con vuestras ropas?

JUBA.

Un traidor, un malvado, que con ellas se disfrazaba, y que ocultaba en su pecho un designio horrible. Sería larga la narracion de su delito. Amenazaba, Señora, á vuestra vida un espantoso peligro. Dime priesa á socorreros, Marcia: y he visto con delicia que vuestras lágrimas han corrido por mí.

MARCIA.

Aún no he vuelto de mi admiracion Confusa estoy en este momento de haber publicado mi amor, de haber descubierto un fuego que yo tenia sofocado, y que ya no puedo volver á ocultar. He saltado la barrera que me contenia, y me es imposible retroceder.

JUBA.

¿Con que amais á un hombre que tanto os ama?

MARCIA.

¿Es menester preguntarlo? Juba, vivid para mi. Creyéndoos muerto, Principe, he exhalado la llama que alimentaba el amor dentro de mi pecho.

JUBA.

¡Oh equivocacion inestimable! ¡Quan feliz es mi suerte! ¿Como os daré testimonio, amado objeto mio, de mi agradecimiento, y del gozo que me ha causado una declaracion semejante?

MARCIA.

Debeis al destino el descubrimiento de mi amor. Pero, Príncipe, corred por el camino de la gloria; y de este modo, justificando mi cariño, tendreis al mismo tiempo favorable al cielo.

(á Lúcia) Vamos, Lúcia, suplicándote me ayudes á llegar hasta mi quarto, pues me siento débil.

LÚCIA.

Ven, Marcia, y apóyate en mi brazo. (salen)

JUBA. (sólo)

¡Oh fortuna! Colmado ya de tus favores, no me acordaré mas de tu rigor. César, obedezca el universo á tus leyes. Yo seré bastante dichoso poseyendo á Marcia. (sale)

SCENA QUARTA.

CATON. LÚCIO.

LÚCIO.

¡Es posible que el arrogante Sempronio se atreviese á ostentar solo la apariencia de las virtudes! Nos manifestaba el ardiente zelo de un ciudadano valeroso por los intereses de Roma. Confieso que estoy admirado.

CATON.

La virtud que es fragil, se rompe al primer choque de una guerra civil. No me espantan los horrores que la acompañan; pero te confieso, Lúcio, que estoy ya cansado de este corrompido mundo.

(*entra Porcio*)

Aquí está Porcio. ¿Que novedad traes? ¿Que me anuncia esa turbacion? ¿Que vienes á decirme?

PORCIO.

¡Oh padre mio! ¡Oh dolor! El golpe es inhumano.

CATON.

¿Ha vertido César la romana sangre?

PORCIO.

No, Señor. Syphax.... Escuchad su audacia. Yo vi que á cierta distancia exercitaba sus tropas. Súbitamente el traidor temerario se preparó para combatir sublevado contra nosotros. Gritéle desde léjos para contenerle: pero con tono amenazador, y furiosos ojos, me respondió soberbio, dispuesto ya á atacar á Marcio: "que él no queria perecer como Sempronio." Vengo, enojado contra ese infiel, á daros la noticia de su rebelion.

CATON.

¡Ah traidor! ¡Oh, hijo mio!

Vuelve inmediatamente á advertir de parte mia á Marcio, que combata como Romano. (*sale Porcio*)

Despues de este último atentado de un atrevimiento tan culpable, ¿que he de hacer en el mundo? Lúcio, el destino me trata rigorosamente. Caton cede á la fuerza, y César es vencedor.

LÚCIO.

Mientras reynen el orgullo y la licencia, ¡oh Caton! necesita el mundo vuestra persona. Vivid, Señor, y baxo el mando de César, como Romano generoso, propagad la virtud en el género humano.

CATON.

Lúcio, la misma virtud se opone á la práctica de ese consejo. ¿Debo abandonar la causa de Roma? Nunca esperes que yo, como esclavo de César, acompañe el carro de su triunfo.

LÚCIO.

Pero entre las virtudes que en César alaba el mundo, se comprehende tambien la humanidad.

CATON.

La virtud de un tirano repugna á la razon, y su humanidad es traidora. *(entra Juba)*

Pero Juba viene. Ese Príncipe, á quien amo, parece que trae sobre sí el crimen de Syphax. Sus pasos trémulos, y su rostro lleno de rubor, nos manifiesta el dolor que acongoja su alma. Sentido de mi ultrage viene.

JUBA.

¡Ah, Caton! Me avergüenzo de comparecer á vuestra vista.

CATON.

¿Qual es vuestra culpa?

JUBA.

Un Númida aborrecible...

CATON.

Juba, vuestro cuerpo está animado por una alma romana.

JUBA.

Los Númidas, Caton, merecen vuestro odio.

CATON.

Príncipe, sé que en todos los climas atacan á los Estados las traiciones y los fraudes. Zama ve dentro de estos muros la negra traicion; y Roma tiene sus Césares.

JUBA.

Consolais con alma generosa á un Príncipe infeliz.

CATON.

Debo hacer justicia á los hombres virtuosos. Príncipe, vuestra virtud se ha puesto á prueba como el oro mas acendrado.

JUBA.

¡Oh, Caton! Vuestra estimacion es toda mi felicidad. (*vuelve Porcio*)

✣ III ✣

PORCIO.

¡Ay, Marcio! ¡Ay, hermano mio! ¡Oh desgracia!

CATON.

¿Ha huido Marcio sin hacer resistencia?

PORCIO.

Despues de haber por largo tiempo señalado su valor con el esfuerzo de su brazo, defendiéndose de los traidores, vi en su cara la amarillez de la muerte. Marcio yace cadáver, y lleno de heridas. No ha desmentido su virtud ni aun en el postrer instante. Puesto á la cabeza de los suyos, combatiendo con un número infinitamente mayor, y sobre un monton de enemigos muertos por su propia mano, en el duro ataque de Syphax, encontró la muerte, para él solo gloriosa.

CATON.

Marcio, contento quedo... y ...

PORCIO.

Antes de caer, hizo un esfuerzo este Romano generoso. Sacando vigor de su corazon valiente, vertio la sangre del iniqüo Syphax, que yo mismo vi correr de su herida. Yo mismo vi á ese traidor luchando con la muerte, y mordiendo la tierra. El cuerpo de Marcio ya viene marchando en hombros leales; y todos los Senadores, justamente afligidos, lo acompañan llorando.

CATON.

¡Oh, hijo mio! Quiero contemplar tu sangriento cadaver, haciendo al mismo tiempo recopilacion de tus virtudes. Quiero contar por mi mismo tus heridas, deseando desde ahora morir como has muerto. ¿Quien no deseara tu lugar glorioso y tu muerte, fruto de una virtuosa alma? Amigos, ¿que significan esos rostros melancólicos? Me avergonzaría de ver floreciente mi casa, y despreciaría una fortuna adquirida en una espantosa guerra civil. Mira bien, Porcio, á tu hermano, y procura imitar sus virtudes. Tus dias se han de sacrificar á la gloria de Roma.

JUBA. *(aparte)*

¿Hubo jamás en el mundo un hombre igual á este?

CATON.

La perdida libertad pide nuestros sentimientos; pero, amigos, por ningun otro interes debemos afligirnos. Roma, ya lo sabeis, la señora del mundo, la silla del Imperio, fecunda en hombres grandes, nutriz de los heroes, delicias de los Dioses: Roma, Roma cayó, y está espirando á nuestros ojos. ¡Murió su libertad!

JUBA. *(aparte)*

¡Oh virtud! El destino de la

patria Roma, le arranca las lágrimas que reusa á su hijo.

CATON.

Tantos Pueblos sometidos á la ley de los Romanos, y tantas vastas regiones desde oriente á poniente, estan ya baxo el dominio de Cesar, á quien el universo adora. Para él trabajáron infatigablemente los Fabios: para él arrostráron la muerte los Decios: para él combatió Pompeyo; y á sus pies, finalmente, yace toda la grandeza de Roma. Nuestros ascendientes pusiéron en su poder el Imperio. Ya no le queda, Romanos, otra cosa que vencer que á nosotros.

JUBA.

César, no ostante su fortuna rápida y maravillosa, debería vivir avergonzado mientras exîste Caton. Debería correrse, vuelvo á decir, de sujetar tantos Pueblos, y de subyugar á la misma Roma.

CATON.

¿Le vísteis, por ventura, avergonzado en los campos de Farsalia?

LÚCIO.

¡Oh vana resistencia! ¡Oh firmeza fatal! Caton, pues os veis ya sin ninguna especie de recurso, no tardeis en poner en seguridad vuestra vida.

CATON.

No te compadezcas, Lúcio, de mi suerte. No hayas miedo que César pronuncie, viéndome entre cadenas: "vencí, triunfé, Caton me obedece.„ Yo estoy fuera de peligro. Por quien teme mi corazon, amigos, es por vosotros. Por vosotros únicamente temo á César.

LÚCIO.

César es generoso.

CATON.

Pues bien. Recurrid á él en tan

desgraciadas circunstancias. Decidle, que Caton implora con lágrimas su bondad para vosotros solos. Dexad que convierta ácia mí sus enojos. Juba, tiemblo por vuestra suerte. ¿Os aconsejaré que os volvais á Numidia, ó que os rindais á César?

JUBA.

Aconsejadme que pierda la vida, ántes que abandonaros, Caton.

CATON.

Nada debe maravillarme de vuestras virtudes Leo en lo futuro, que vendrá un tiempo en que han de brillar como merecen.

(*a Porcio*)

Porcio, tú me has visto hacer rostro firme á las facciones, y oponerme al torrente de la corrupcion. Tú ves mi ningun poder por falta de recursos. No puedo por mi solo contener la iniquidad, luchar contra el vicio, y detener sus trágicos progresos. ¿Que consejos podré darte en tiempos tan contrarios? Prefiere la morada en que vivian tus padres. Retírate al campo de los Sabinos, que cultivaba con sus propias manos Caton el Censor. Léjos de Roma, y ocupado con los trabajos del campo, llegarán al colmo tus deseos disfrutando de la paz. Nuestras almas logran tranquilidad en el retiro, y se satisfacen cultivando las virtudes. Nos conduce á la dicha la mediocridad; porque la vida privada es un puesto honroso.

PORCIO.

Son tanto mas respetables vuestros consejos, quanto que vos mismo los practicais.

CATON.

A Dios, amados amigos. Buscad otra suerte. En el puerto os aguardan navíos prontos á partir. Embarcaos con viento próspero. Huid. No aguardeis á un vencedor inexôrable, á un bárbaro, á un tirano embriagado con su grandeza. No os pongais á su vista. Evitad sus golpes. El se acerca, daos priesa á huir: ó bien, llenos de confianza, id, si todavía es tiempo, á implorar su clemencia. Despues que nos haya separado el destino, nos encontrarémos en otros parages mas seguros. Allá, el guerrero jóven que acabó gloriosamente, recibirá la feliz recompensa de las virtudes. Allá, el ciudadano triunfante de la desgracia, gozará la felicidad despues de sus largas fatigas. Allá, terminada esta breve carrera, verá la luz eterna. Allá, finalmente, coronados los Romanos virtuosos, serán premiados con un triunfo feliz.

ACTO QUINTO.

SCENA PRIMERA.

CATON. (*solo*)
Está sentado, y en una atitud pensativa: tiene en su mano el libro de Platon, que trata de la inmortalidad del alma; y una espada desnuda puesta sobre una mesa á su lado.

Platon raciocina exâctamente, pues concluye, que la virtud debe ser algun dia recompensada. ¿De donde habia de venirnos la esperanza de ser dichosos, y este deseo tan vehemente de la inmortalidad? Así es, Platon. Tu doctrina es buena. ¿A que viene, pues, la horrorosa duda, el temor secreto, el espanto de ser nada, que tanto nos conturba, y aflige á nuestra alma en la hora de la muerte? Esta es una voz del cielo, que viene á anunciarnos, que hay otra vida á que debemos aspirar. Este lenguage divino nos recuerda, que debemos poner nuestras esperanzas en los futuros siglos. ¡Oh pensamiento terrible, y á un propio tiempo consolador! No, no es la eternidad una cosa dudosa. ¿Qual será nuestra suerte en esos mundos nuevos? ¡Que mudanza tan repentina! ... ¡Un reposo eterno! ... Como está abismado el tiempo en la inmensa extension, no puede concebir nuestra idea la eternidad. Pero no ostante, mi alma por entre oscuridades percibe un rayo de esta verdad. Admitida la existencia de un Ser inmortal, debe precisamente ser recompensada algun dia la virtud; y por conseqüencia ha de ser dichosa la suerte de los Romanos virtuosos. Este mundo es de César; con que así, la muerte es el único remedio para escapar de su tiranía. Este es el camino mas corto.

(tomando la espada)

Sostenida mi alma por la esperanza de existir nuevamente, tengo aliento para mirar sin espanto, y casi con risa, la punta de este hierro que á otros horroriza. Se apagarán los astros con el curso del tiempo, y se limitará la luz del sol; pero mi alma, que aspira á la vida eterna, encierra en sí misma una inmortal juventud. Tranquila en medio del mayor trastorno, mira con serenidad la aniquilacion. Incontrastable al choque que destruye la materia, miro con frescura el fin de mi carrera.... Pero el sueño me va rindiendo. Durmamos; y despues del descanso que la naturaleza exige, mi alma virtuosa, mas firme, y mas pura, fastidiada de esta mansion aborrecible, tomará su vuelo ácia el empireo. En la divinidad, únicamente digna de sus adoraciones, espera mi alma hallar sus dichas. Con la misma indiferencia que al sueño, miro á la muerte.

SCENA SEGUNDA.

CATON. PORCIO.

CATON.
¿No te habia yo mandado que no entrases? Debias haberme obedecido, Porcio. Yo queria estar solo.

PORCIO.
¡Ah, padre mio! Esa espada aumenta mis cuidados. No os ofendais de que os ruegue que me la dexeis llevar.

CATON.

Temerario, detente.

PORCIO.

Las ansias de vuestros amigos, los intereses de los Romanos, bastan para arrancaros ese hierro amenazador. ¡Ah, Señor! Dignaos de condescender á mis lágrimas. Entregadme esa espada que me horroriza.

CATON.

¿Quieres hacerme alguna traicion? ¿Pretendes entregarme como cautivo al vencedor tirano? Aprende á respetar los mandatos de tu padre.

PORCIO.

No, padre mio, arrojeis sobre mí tan severas miradas. Bien sabeis que pronto á obedeceros en todo tiempo, mas bien sufriría la muerte, que faltaros á la obediencia.

CATON.

En vano César el dichoso quiere coger todas las avenidas. Tengo aún para escaparme una salida oculta. En vano con su numerosa flota circunda nuestros puertos. En vano sitia nuestros muros para apoderarse de mí. Me rio de sus esperanzas. Todavia soy dueño de abrirme un camino, que él ignora.

PORCIO.

¡Oh, padre mio! ¿Será esta la última vez que pronuncie tan dulce nombre? ¿No he de suspirar, Señor, por vuestra vida, útil á vuestros amigos y á la patria? Perdonadme el exceso de mi justo dolor, quando temo nada ménos que perderos. Conmovido siquiera de mis amargas lágrimas, dad de mano, padre mio, a un designio tan funesto.

CATON. (*abrazando a Porcio*) Porcio, siempre obedeciste puntualmente mis ordenes. Procura tranquilizarte. Todo se hará bien, hijo mio. Los Dioses desde su alto asiento protegen la inocencia. Esperemos de ellos un socorro divino, porque preservan siempre á los que siguen la virtud.

PORCIO.

Animais con eso mi desmayado corazon.

CATON.

Fíate, hijo mio, de mi conducta. Prepara y favorece la fuga de nuestros comunes amigos, para que prontamente se embarquen. Yo voy á dar con el sueño alguna tregua á mis cuidados. (*sale*)

PORCIO.

Mi alma se ha aliviado de los pasados terrores, y empieza á renacer la tranquilidad en mi pecho.

SCENA TERCERA.

PORCIO. MARCIA.

PORCIO.

Revive tus esperanzas. No temas que Caton, nuestro padre, haga atentado ninguno contra su vida. Su espíritu está muy sosegado en medio de las penas; y tanto, que sus sentidos en calma, se han entregado al sueño. Se interesa vivísimamente por la suerte de sus amigos; y me ha encargado que queden embarcados ántes de que despierte; y que ninguno entre á interrumpirle el sueño. *(sale)*

MARCIA. *(sola)*

Potestades inmortales, sed protectoras de la virtud. Conservad la vida de Caton mi padre: disipad sus pesares, y calmad sus inquietudes. Guste la amable quietud del sueño entre lisongeras imágenes, que alivien su dolor.

SCENA QUARTA.

LÚCIA. MARCIA.

LÚCIA.
¿Acia donde fué tu padre?
MARCIA.
Durmiendo está Caton. Habla baxo, Lúcia. La esperanza alhagüeña del fin de nuestros males, como que comienza á renacer.
LÚCIA.
El severo Caton, semejante á nuestros Dioses, me es sumamente respetable. Pero dime, ¿perdonará las humanas flaquezas quien desconoce los cuidados del amor?
MARCIA.
Mi padre, que es tan terrible

para con sus contrarios, es en extremo dulce para con sus amigos. Ama tiernamente á su familia, y nada dexa que desear á su hija.

LÚCIA.

De su condescendencia pende mi felicidad. Ambas lloramos la muerte de Marcio, y sentimos de un mismo modo nuestras calamidades.

MARCIA.

Eternamente lloraré á mi hermano infeliz.

LÚCIA.

Con su muerte quedáron mis votos disueltos. Pero dime, ¿penetras los sentimientos de tu padre Caton?

MARCIA.

Viva mi padre, y seremos todos felices.

LÚCIO. MARCIA. LÚCIA.

LÚCIO.

Pacífico es el sueño del hombre virtuoso. Vengo de ver á Caton, y duerme tranquilamente, olvidando sus amarguras con el descanso. He visto la paz dichosa que su alma respira. Acerquéme á su cama, y vi que se sonreía, diciendo entre sueños: "César, nada puedes conmigo: tranquilo estoy.,,

MARCIA.

¡Ah! Nunca olvida sus pesares.

LÚCIO.

Lúcia, ¿de que viene esa melancolía profunda? ¿Por que temer mientras vive Caton? Basta su presencia para tranquilizarnos. Caton vive. Enjuguémonos las lágrimas, y concibamos esperanza de mejor fortuna.

SCENA SEXTA.

JUBA. LÚCIO. MARCIA. LÚCIA.

JUBA.

Lúcio, escuchad la narracion que acaban de hacerme en este instante unos soldados. Dicen, que el enemigo se ha apostado ventajosamente no léjos de nuestros muros: que desde nuestras torres se divisan las armas, que reverberan con los rayos del sol, y que se aprestan para el ataque.

LÚCIO.

Esta novedad exîge que despertemos á Caton. ¡Ah, Marcia! Tiempo es ya de interrumpirle el sueño. Para darnos un rayo de esperanza, se detiene todavía César, como sintiendo el asaltarnos; y esperando á que Caton, destituido de recursos, capitúle.

SCENA SEPTIMA.

JUBA. LÚCIO. MARCIA. LÚCIA. PORCIO.

LÚCIO.

Porcio, tu alegria me llena de consuelo; pues no siendo en tí ordinaria, debe ser de grande conseqüencia. ¿Que anuncia ese gozo en nuestras desventuras y fatalidades? ¿Que debemos esperar?

PORCIO.

Fui al puerto para ver embarcar á los amigos de mi padre, que de su órden lo hacian, y encontré un navío extrangero. Entré en él, y se me presentó sin dilacion el que lo mandaba, diciéndome: "Sabed la importante noticia de que el hijo de Pompeyo ha encontrado apoyo en la España, que se ha declarado á su favor: ántes de mucho, para vengar la muerte de su padre, que amargamente lloramos, y para contener los progresos de César, se armarán los Españoles." Aprovechémonos, Lúcio, de esta circunstancia. Este partido podria sostenerse mandado por Caton, y Roma mantendria aún sus derechos... Pero, Dioses, ¡que escucho!....¡Lamentos son!...¡Que temores me sobresaltan!....¡Ah, padre mio!... Corro á verle.   (sale)

LÚCIO.

Quizás, agitado en sueños, lamentará Caton á Roma y su infortunio... Mas ¡que esto!...¡Los gemidos siguen!

MARCIA.

Demasiado lúgubre es aquella

voz para un hombre que duerme.

PORCIO. (*vuelve á entrar*)

¡Ah, Marcia! ¡Ah, hermana mia! ... ¡Que espectáculo! Justos eran nuestros temores. He visto á Caton en los brazos de la muerte. Cansado ya de la vida que detesta, sobre la punta de su espada.....

LÚCIO.

Ahórranos lo demás. Facilmente dexa adivinarse toda la horrorosa narracion. ¡Oh dia desventurado! ¡Oh fortuna contraria!

PORCIO.

Levantéle como pude; y su virtud le animaba únicamente, cerca ya de espirar. En aquellos últimos momentos clamaba por veros. Pálido, desfigurado, pero tranquilo, consolaba su familia aquel generoso Romano. Conmovidos los domésticos, y anegados en lágrimas, obedeciéron sus mandatos, y aquí le traen.

SCENA OCTAVA.

Descúbrese el fondo del teatro, y en él á Caton recostado sobre una silla.

MARCIA. JUBA. LÚCIO. PORCIO. LÚCIA. CATON.

MARCIA. *(llorando)*
¡Que os miro moribundo, padre mio!... ¡Dioses, dadme socorro en estos amargos momentos!... ¡Cumpla yo con las obligaciones que debo!

JUBA.
César, triunfas al fin. Estas son tus hazañas.

LÚCIO.
La amada libertad defendida por Caton, acabó ya.

CATON.

(*traido ácia la orilla del teatro*)

Dexadme aquí... Hijo mio, ya no exîste Roma. Fuéron inútiles nuestros deseos y esfuerzos. Llegó su última hora. Trastornáronse sus murallas, y ya es tiempo de que yo muera. Para defender nuestro recinto, importaban poco mis brazos. Porcio, ¿embarcáronse ya mis amigos, ignorantes de mi muerte? ¿Que mas puedo hacer por ellos? ¡Ojalá que en bien suyo pudiera yo emplear los pocos alientos que me quedan!.... Lúcio, ¿ahí estás? Yo te ruego que alimentes en mi hijo la lisongera esperanza de que ha de tener en tí otro padre que mitigue sus penas: concédele á tu hija Lúcia, á quien tanto ama. Pero ¿que veo? ¿Llora?.... Acércate á mí, Marcia: aproxîmaos, Juba. Marcia, este Príncipe te está amando. Mientras subsistía la Potencia Romana, y ennoblecia á los hombres la gloria y el honor, no se dignaban los virtuosos Senadores Romanos de emparentar ni aun con los Reyes. Pero ¡ah! todo ha mudado de semblante baxo César. El ha aniquilado la raza de los Romanos generosos. Este mundo es la morada de los crímenes y amarguras. Todo se ha invertido. ¡Ay! Muero, no ostante, quando divisaba alguna vislumbre de esperanza.... Quizá habré finalizado demasiado pronto mi carrera. ¡Oh Dioses inmortales, que penetrais nuestros pensamientos! Si por ventura he violado vuestras leyes, armando contra mí mi propio brazo, pídoos perdon del atentado. Un buen Romano, atribulado con tantas fatigas y tormentas, puede delinquir... pero vosotros, Dioses, sois clementes, y ... ¡Ah!... *(espira)*

LUCIO.

¿Viéronse nunca sentimientos mas sublimes? Así es como se exhala una alma generosa, despues de rota su infeliz cadena. Tú, Caton, proteges, aunque muerto, á tus amigos. Tu cuerpo es un muro de defensa contra nuestros enemigos. El mismo César, á la vista de tan respetable cadáver, ha de tratarnos benignamente... Pueblos del universo, el exemplo de Caton debe ser un gran documento para nosotros y nuestros descendientes. En un Estado perturbado con continuas discordias, renace la crueldad, se multiplican las injusticias, y las traiciones encienden un fuego devorador. Roma es presa de los mismos Romanos. Sus escandalosas turbulencias han sembrado en su centro las mayores atrocidades, han derramado sangre, y han hecho correr infinidad de lágrimas. La guerra civil, finalmente, que nos ha esclavizado, ha sacado á Caton de este iníquo mundo.

FIN.

Lightning Source UK Ltd.
Milton Keynes UK
UKHW030742080922
408541UK00007B/735